Chinese Characters
For China
汉字里的中国

咬文嚼字文库

陈文波　著

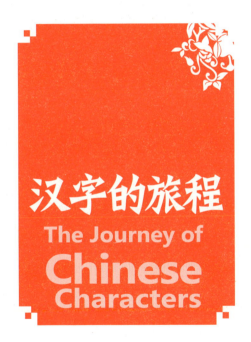

汉字的旅程

The Journey of
Chinese
Characters

上海咬文嚼字文化传播有限公司

上海文化出版社

目录

4　卷首语

8　路漫漫其修远兮

快速增长的人口从事越来越多样的活动，使得社会渐趋复杂，城市和国家以此为契机出现在历史之中。作为人类频繁活动的物质见证，交通要道在城市里的作用举足轻重。

20　屐痕处处

路在脚下，凭借双脚的力量，人们可以到达心中想要到达的地方。为和行走一类意思有关的词所造的字往往和脚的象形脱不了关系。

34　万里长征

"秦时明月汉时关，万里长征人未还。"将长途行军称为"长征"并非现代人的创造，早在中古时代，就已经出现了这个用法。

42　从何处来？ 向何处去？

人居住在城市、乡村等规模大小不一的聚落之中，远行便是从一个聚落到另一个聚落，当然，途中也会行经许多别的聚落。作为长途跋涉的起点和终点，很多聚落之所以能够存续并发展，在相当程度上有赖于交通条件的不断改善。

52　长亭更短亭

在中国文化中，亭还有另一种含义——送别之地。在文人墨客笔下，"长亭"是离愁别绪的象征。

64 踏遍青山

通向远方的征途有风和日丽，也有水长山高。在古代，由于相当多的地区尚未得到开发，人们远行的路上充满了艰难险阻，其中最难逾越的便是连绵的高山。

72 大江东去

"谁谓河广，一苇杭之。"只需一叶扁舟，人们即可随着河流，抵达千里之外。相比于建造陆上交通设施，利用天然水道来实现运输和远行无疑更加方便。

82 临溪涉水

地表水体形态多样，既有宽广的江河湖海，也有窄浅的清溪小涧，它们在山丘和原野上纵横交错，也是人们旅程中的一种风景。

92 载驰载驱

马、牛等牲畜很早就已经被驯养并用于骑乘、运载，但作为交通工具，它们的安全性和舒适度显然并不尽如人意。为了满足日益增长的出行需求，人们迫切希望发明一种兼具高效、安全、舒适等多方面优势的交通工具，在这样的情形下，最早的车应运而生。

110 荡起双桨

船是水上交通必不可少的工具。从独木舟、竹木筏发展到木板船，再到钢铁轮船，人类的造船技术水平和船舶性能都经历了相当漫长的发展进步历程。

122 结语

卷首语

　　自古以来，人们为了满足生活需求，获得更加丰富的发展资源，不得不踏上或远或近的旅程。为此，人们建造了交通设施，发明了交通工具。先秦时代的文献中便留存着相关记录。《诗经·大雅·皇矣》讲述了周部族居住在岐山的时候，在首领的号召下砍伐山林开辟道路的伟大事迹：

　　　　作之屏之，其菑其翳；修之平之，其灌其栵；启之辟之，其柽其椐；攘之剔之，其檿其柘。

　　"菑""翳"均指枯木，"灌"即灌木，"栵"是没砍干净的小树枝，"柽""椐""檿""柘"都是树名。随着《诗经》在后世广泛流布，周族先人披荆斩棘的丰功伟绩被世代传颂。道路系统发展到一定程度，便会出现交通枢纽，形成具有相当规模的都会，据《逸周书·度邑解》记载，周武王当时对洛阳一带的交通地位给予过很高的评价：

　　　　自伊汭延于洛汭，居易无固，其有夏之居。我南望过于三涂，我北望过于有岳, 不顾瞻过于河, 宛瞻于伊、洛, 无远天室。

　　从洛水以北一直延伸到伊水以北, 地势平坦而没有险阻, 夏人曾经安居在此。周武王在此向南远望三涂山, 向北远眺太岳山, 回头观察过黄河, 向前看过伊水和洛水, 与天室嵩山相距不远。于是认为伊洛盆地是适合建都的地方。正因为伊洛盆地作为西周的都城, 凭借交通优势巩固政权, 同时在客观上为孕育商业中心奠定了坚实的基础。

　　道路设施的发展反过来刺激着人们探寻远方世界的欲望, 交通

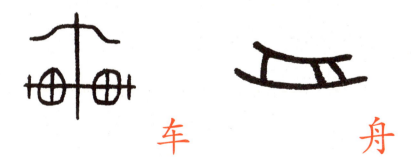

车　　　　　　　舟

向远方延伸的道路

工具因此而被发明、改良。我国先秦时代的主要交通工具除了牲畜以外，就是车和舟。从"车""舟"这两个象形字在甲骨文中大量出现这一事实中可以得知，它们已经被广泛应用于生产和生活了。

传统中国以农业为本，这决定了我们的先辈"是黏着在土地上的"（费孝通语），安土重迁是绝大多数中国人的共同选择。然而，我们的国家和社会之所以能够持续发展、进步，在相当程度上有赖于为理想和使命而背井离乡的人们。他们是行旅者，也是拓荒者。他们在曾经的无人之境播撒文明的种子，静待千秋万世之后繁花遍野。于是，在平坦或坎坷的路途中，有深深浅浅的足迹或辙痕，有渐行渐远的背影，这一切都在汉字里烙下了深刻的印记。

汉字本身也曾跋涉在漫长的旅程之中，在前行的同时成长、蜕变，由商周甲骨金文摇身变为战国古文和秦系篆隶，继而在西汉中期初步完成从古文字到今文字的演化。所谓"汉字的旅程"，不仅指汉字里关于交通区域、交通设施、交通行为、交通工具的信息，同时还指汉字自身走过的漫漫长路。

快速增长的人口从事越来越多样的活动，使得
社会渐趋复杂，城市和国家以此为契机出现在历史
之中。作为人类频繁活动的物质见证，交通要道在
城市里的作用举足轻重。

路漫漫其修远兮

鲁迅说："其实地上本没有路,走的人多了,也便成了路。"快速增长的人口从事越来越多样的活动,使得社会渐趋复杂,城市和国家以此为契机出现在历史之中。作为人类频繁活动的物质见证,交通要道在城市里的作用举足轻重。因此,考古学家在发掘城邑遗址的时候,往往通过寻找主干道的位置和方向获得关于城市布局的关键线索。在二里头遗址的发掘过程中,随着城邑中心区域的"井"字形道路网络被发现,"中国最早的十字路口"得以重现人间。

中国最早的十字路口

今天的十字路口

　　十字路口在商代大概就已经很常见了,甲骨文里的"行"字就是按照十字路口的形状来造的,而"行"原本的意思就是道路。在先秦的古书中,当道路讲的"行"字俯拾皆是,比如《诗经》中的名篇《豳风·七月》里有一句"遵彼微行",就是沿着小道的意思。

"行"甲骨文字形

西周以来，道路的建设和养护作为国家公共工程，越来越受到重视，国家设置司空一职负责土木、水利工程，道路保养和维护也在其职责范围之内。因此，当时就已经有了被修治得非常笔直平坦的道路，《诗经·小雅·大东》形象地把道路比喻成箭矢："周道如砥，其直如矢。"战国时期，秦国为了征服巴蜀地区，开辟了著名的金牛道。据说金牛道是沿着陡峭的山岩建造的栈道，建造过程之艰辛当可想见。这也反映出，此时的道路建设水平已经有了相当大的提高。

交通的发展大大开拓了人们的视野，人们开始感知到天下之大，屈原在《天问》中发出了"东西南北，其修孰多"的感慨。也正因为如此，拥有越来越广袤的土地的统治者意识到，为了巩固统治，发展经济，需要将各个地方更加紧密地联系起来，而这一目标的实现有赖于交通事业的持续进步。《周礼》的一段记载反映出了当时统治阶层心目中理想的交通图景：

凡治野，夫间有遂，遂上有径。十夫有沟，沟上有畛。百夫有洫，洫上有涂。千夫有浍，浍上有道。万夫有川，川上有路，以达于畿。

战国时期，国家依法将田地的使用权授予农民，符合法定授田条件的农民被称为"夫"，每一位"夫"被授予一百亩田地，这段话里的"夫"指的就是一百亩田地。"遂""沟""洫""浍""川"都是水道，其中"遂"最小，大致相当于今天农村里的田间沟渠，"川"最大，指的是大江大河。"径""畛""涂""道""路"是规模由小到大的陆路的名称。在这幅蓝图中，水上航道和陆上通道相辅相成，共同组成井然有序的交通网络。

宏伟的蓝图在务实进取的古人手上被转化成了一个个切实可行的行动计划，继而逐步成为现实。北京大学收藏的秦代简册里有一种被命名为《道里书》的文献，详细记载了秦代南郡各地以及从南郡北上途经南阳最终抵达洛阳的水陆交通情况，历史地理学的相关研究表明，这其中既包含了连通全国几个大区域的主干道，也包含了一些仅仅在某一较小的区域内发挥沟通联络作用的次级道路。无独有偶，学者们在湖南湘西龙山县出土的里耶秦简中也发现了有关道路里程的内容，根据这些记载，当时湘西地区通往周边各地的交通路线被部分地复原了出来。以迁陵县为中心，可以去往南郡、苍梧郡、巴郡等邻近地区，还可以在这些地方中转，向中原地区行进。凡此种种皆可反映出，当时已经出现了由不同层级的道路组成的比较成熟的交通网络。

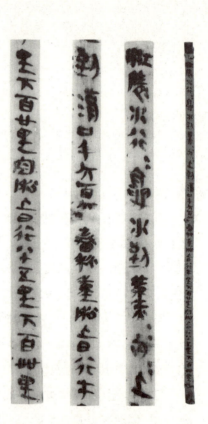

北京大学藏秦简《道里书》（局部）

北魏《石门铭》（局部）

由于生产力条件的限制，修桥开路在古代绝非易事，也正因为如此，在古人心目中，成功开辟一条新通道是值得永远铭记的丰功伟绩。东汉永平年间，巨鹿太守受汉明帝之命，率领广汉、蜀郡、巴郡的刑徒共两千余人，克服秦岭天险，凿通了我国最早的穿山隧道——石门隧道，使得连通陕川的褒斜道真正成为坦途，从蜀中经由此路可以去往当时的首都洛阳。隧道凿通后，人们在褒谷的崖壁上刻了一篇记载修路始末的铭文，以志纪念。此后的数百年中，每一次在褒谷修路，都要就地刻石纪功。这些摩崖石刻组成了一个系列，被后世统称为"石门十三品"，成为弥足珍贵的交通史史料，使当年那些挥汗如雨、运斤成风的场面随贞石而不朽。

《开通褒斜道刻石》原位于陕西省汉中市北郊，现藏陕西汉中博物馆。褒斜道是古人越秦岭入蜀的交通要道，在石门洞内、东西两壁和洞外附近的崖石上，刻有汉魏至明清的摩崖石刻百余品，称为"褒斜道石刻"。其中，汉魏"石门十三品"久负盛名，历来是学者研究中国古代交通史、书法艺术史的珍贵资料。

湖南里耶出土迁陵县吏员记载出差行程的木牍

　　复杂的交通网络包含形态各异的通道。就陆上通道而言，不同形态的道路在上古时代有着不同的名称。没有分岔的直路叫作"道路"，有一个分岔路口的就叫"歧旁"，丁字路口叫作"剧旁"，十字路口另有一个专名叫"衢"，岔路更多的分别叫"康""庄""剧骖""崇期""逵"等。这些名称中的大部分早已不为人知，只有少数仍然活跃于我们的日常语言之中，比如"康庄大道"的"康"和"庄"、"通衢"的"衢"等，不过，它们的意义都已经泛化为指一切四通八达的道路了。

　　说回"行"字的字形。出于提高书写效率的需要，"行"字的线条形态后来发生了变化，左边变成了"彳"，右边变成了"亍"。后来单独成字的"彳"和"亍"，都来源于"行"字的简省写法，它们在产生之初，意义与"行"字并无二致。

"行"的本义早已被大多数人遗忘，就连我国第一部系统地分析字形的字典——编成于东汉时期的《说文解字》，也把"人之步趋也"——行走当成了"行"的本义。《说文解字》的作者许慎连带着把"彳"和"亍"也都解释错了，把"彳"的字形讲成像大腿、小腿和脚连在一起，认为这一形体表示小步走的意思，而"亍"是反着写的"彳"，所以被他误解为停步的意思。

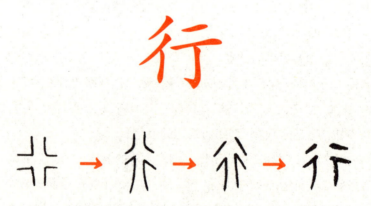

"行"字形演变

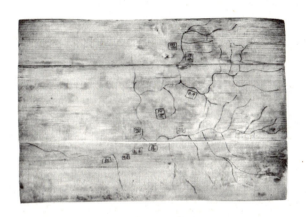

天水放马滩秦墓出土地图

　　"行"字今天最常用的含义是行走和行列。当行走讲的时候，它读作xíng；当行列讲的时候，则读作háng。事实上，这两种意思都是从道路这一本义中孕育出来的——就功能而言，道路是用来行走的；就物理形态而言，道路在人们的视野里是纵横交错、成行成列的。在道路上行走即在时间流逝的过程中向前进发，因此，从行走这一意义中又引申出施行、经历等意义。不同行列往往意味着属于不同的类别，同一行列内部也有不同的次序，因此，从行列这一意义中又引申出了行业、排行这两类意义。

路在脚下，凭借双脚的力量，人们可以到达心中想要到达的地方。为和行走一类意思有关的词所造的字往往和脚的象形脱不了关系。

屐痕处处

"敢问路在何方？路在脚下。"我们无法确凿地知悉这种观念和说法什么时候开始出现。早在1986年版电视剧《西游记》把这句歌词带进千家万户之前，古人心中早已有了类似的观念。和行走一类意思有关的汉字往往和脚的象形字"止"脱不了关系，尽管古人们在用脚的造型来表示行走的意义时，并未过多地思考"路在脚下"蕴含着多么深刻的哲理。

1986年版电视剧《西游记》剧照

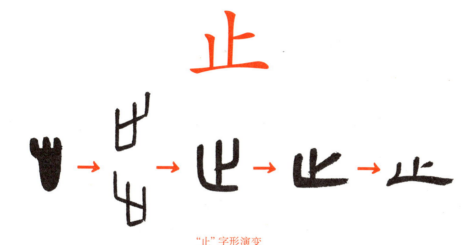

"止"字形演变

"止"是脚的象形字，目前能够见到的所有字形，都把五个脚趾头省略成了三个。这是因为在古人心目中，三个就可以代表多个。在表示脚趾的三个笔画中，只有往一侧突出的那一笔有明确的象形指向，它表示的无疑是大趾。在后来的演变历程中，像大趾的这一笔渐渐退化成了一个小短横，连着脚趾的脚底板轮廓线变成了两竖，像脚跟部分的圆弧则被拉长为一横。

从"止"字的早期演变过程中不难看出线条化的趋势，即从最早的

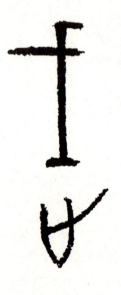

"武"甲骨文字形

实心图案逐渐变成几根线条。这一变化趋势是汉字演变早期阶段的一大特征，绝不仅仅出现在"止"字上。至于这一趋势的成因，则应当归结为人们对书写效率的积极追求。

路在脚下，凭借双脚的力量，人们可以到达任何想要到达的地方。因此，"止"由它的本义——脚引申出了到达的意思。到达目的地后就要停下来，所以它进一步引申而有了停止、暂停的意思。暂停即不要继续进行，故"止"又有了禁止之义。《左传》宣公十二年记载，楚国大夫潘党提议向邻国炫耀武力，楚庄王驳回了他的意见，其理由之

春秋时期的青铜兵器——戈

一是: "夫文, 止戈为武。" 这句话的意思是说, 从 "武" 字的字形就可以知道, 止息战争才算得上真正伟大的军事成就。楚庄王把此处的 "止" 理解为停止、禁止, 但从文字学上来说, "武" 字的产生是很早以前的事情, 充当表意偏旁的 "止" 当时大概还没引申出停止一类意义, 可见 "止戈为武" 的讲法是和语言文字发展的实际情况相冲突的。事实上, "武"

字的字形应该理解为人拿着戈去打仗，其中的"止"形代表向前行进。

自从"止"有了停止的意思以后，人们渐渐地不再用它来表示脚这一本义，另外造了"趾"字来代替它承担这项职能。"趾"字可能出现于公元2世纪左右，首见于《西岳华山庙碑》。

《西岳华山庙碑》，立于东汉延熹八年（165），碑文记叙周至汉间历朝祭西岳祀典及重修西岳庙之事。此碑兼具史料价值和书法艺术价值，自宋代以来就受到金石学家的格外重视，明代郭宗昌称其"结体运意乃是汉隶之壮伟者"，清代朱彝尊称其为"汉隶第一品"。原石已毁，现建有重刻碑。

《西岳华山庙碑》中的"趾"字

《西岳华山庙碑》华阴本（局部）

　　"步"由两个"止"组成，代表双脚行走，其中上面的"止"旁经历了与单独的"止"字同步的变化，下面的"止"字方向与上面的相反，因而末笔向左延伸而成为撇画。《说文解字》把反向的"止"当成另外一个和"止"不同的字，这是不符合事实的。因为在汉字发展的早期阶段，很多表意字

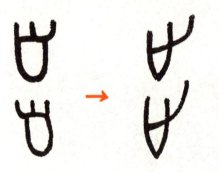

的字形来自对客观物象的描摹，有些物体本身就没有固定的方向，有些物体从不同的角度观看会呈现出不同的形象，所以取象于这些物体的表意字字形的方向也就不固定，无论朝哪个方向，都是同一个字。不仅"止"字如此，古文字中常见的同类例子还有许多，比如"月""人"等字，既有朝左的，也有朝右的。而在"止"字的字形有了固定的方向之后，反向的"止"就只能作为表意偏旁来使用，不能独立成字了。

"步"在现代汉语里一般用作名词，但在古代汉语里，情况有所不同，它可以当作动词，表示徒步慢慢行走。今天常用的成语"安步当车"中的"步"仍然保存着它原本的含义。

在古代，不同速度的行走分别用不同的词来表示，慢走为"步"，快走为"趋"，小跑为"走"，快跑为"奔"。那么，速度快慢的不同是如何通过字形表达出来的呢？当提高步速时，为了保持身体平衡，需要辅以一定幅度的摆臂动作。在古人的眼中，摆臂是快走区别于慢走的一个重要特征，因此在给表示快走的"走"这个词造字时，就突出了这一特征，在"止"形之上画一个舞动双臂的人形。"奔"比"走"更快，古人为它造字时，就在"走"的基础上另外再加上两个"止"——大概古人认为三只脚

"走"字形演变

跑得比一只脚快吧。

　　虽然"走"和"奔"的造字原理基本一致，但它们在字形演变的过程中却早早地分道扬镳了。"走"上部的"夭"旁先简化为"大"，继而在潦草的书写中与"土"形相混，以致后来人们直接把它写成了"土"；其下部的"止"在隶书中加入了装饰性元素，发生了局部的变形。"奔"字上部的变化止于"大"形，但下部的三个"止"却和形近的"屮"形混淆了，三个"屮"合起来就是"卉"，因此，后来"奔"字下部就写作"卉"了。

　　"彳"和"止"充当表意的偏旁时，均可表示移动、行走的意思。有些

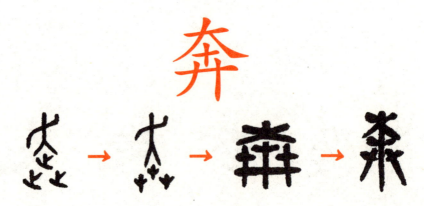

"奔"字形演变

带有这类意思的字会同时使用这两个偏旁，这就为它们合体创造了条件。

在秦代隶书的草率写法中，"止"字往往被写作上两点下一横，上面的两点进一步连写，也就成了一横，两横相连成乁状，这种草写的"止"旁再与"彳"旁上下相连，就是"辵"的雏形。在标准的秦小篆中，"辵"旁是写作"辵"形的，这种写法的来源同样是秦文字中"彳"旁和"止"旁的结合，但不带任何潦草的痕迹。

因为"彳""止""辵"在充当表意偏旁时表示的意义相同，所以它们之间有时候是可以相互代换的，有些字本来是"彳"旁或"止"旁的，后

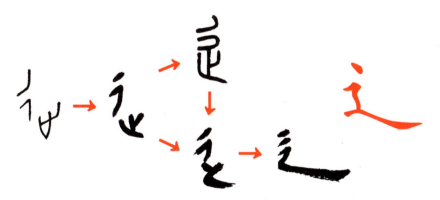

"辵"偏旁的演变

追

"追"字形演变

来却被改成了"辶"旁，比如"追""逐"二字就是很典型的例子。

　　"追""逐"二字最早的写法都不以"辶"为偏旁，而以"止"为偏旁。值得一提的是，在今天，它们的意义已经混同了，但在上古时代，它们的意义却有明确的区分。当对象是人时，一般用"追"；当对象是动物时，一般用"逐"。

　　"追"以"𠂤"为表意偏旁，"𠂤"在甲骨文里写作 𠂤 或 𠂤，这个字形在较早的甲骨文中表示的是师旅的"师"一词，即军队。因此，以它为表意偏旁的"追"字就被专门用来指追击敌军了。

　　"逐"以"豕"为表意偏旁，豕即猪，在此可以借代野兽，因此"逐"

专门用来指追打猎物。人们有时也会将"豕"旁代换成"鹿""兔""犬"等偏旁，表明追逐的具体对象是哪一种野兽。出现在"逐"字身上的这种表意偏旁不固定的现象，是文字系统处于原始阶段的一个表征。同样的例子还见于其他字，比如"牢"字，其甲骨文字形既有写作"牛"旁的，也有写作"羊"旁、"马"旁的，表示圈养的具体对象。再比如"伐"字，既有写作"人"旁的，也有写作"羌"旁的，后者表示砍头的具体对象是羌人。随着汉字系统发展成熟，这种偏旁部首不固定的现象在西周金文中就已经极为少见。

"逐"字形演变

"秦时明月汉时关，万里长征人未还。"将长途行军称为"长征"并非现代人的创造，早在中古时代，就已经出现了这个用法。

征

万里长征

说到长征，也许大部分中国人都会在第一时间想到土地革命战争时期工农红军从长江中下游转战陕甘的二万五千里长征，以及毛泽东同志那首写尽革命豪情的颂诗。将长途行军称为"长征"并非现代人的创造，早在中古时代，就已经出现了这个用法，例如：

　　　　儿家本是，累代簪缨。……娉得良人，为国愿长征。争名定难，未有归程。（敦煌歌辞《凤归云》）

　　　　良人去，住边庭。三载长征，万家砧柱捣衣声。坐寒更，添玉漏，懒频听。（敦煌歌辞《捣衣声》）

　　　　秦时明月汉时关，万里长征人未还。但使龙城飞将在，不教胡马度阴山。（王昌龄《出塞》）

　　　　懒说疆场曾大获，且悲年鬓老长征。塞鸿过尽残阳里，楼上凄凄暮角声。（耿沛《塞上曲》）

中国工农红军胜利完成二万五千里长征二十周年纪念邮票

除此以外还有很多例子，不烦赘举。在这些语境里，"长征"之"征"无疑是行军的意思，但这是不是它的本义呢? 对于这个问题，学界似乎也并未达成共识。

"征"这个词原本用"正"字来表示。"正"的甲骨文字形由"囗"和"止"组成，前者在上，后者在下。"囗"代表的是一定的区域范围，象征着人们居住的城邑；"止"旁的意义前面章节已经提到过，代表行进的意思。从"止"形的方向朝着"囗"这一点可以看出，"正"字的古文字字形表达的意义是人向城邑行进。至于行进的目的是什么，就有不同的说法了。一些学者认为，向城邑进发是为了征伐。他们的主要依据是，甲骨文和早期金文中都有"正"后面带方国名称的文例，而这些方国往往是商人讨伐的对象。另一些学者则认为，商人到某地未必是为了讨伐，也可

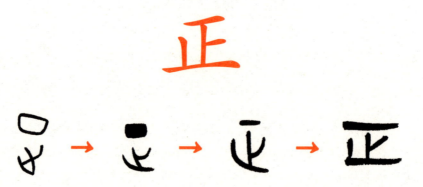

"正"字形演变

能出于巡察或者其他目的。在这一点上发生的理解歧异关涉"正"的本义究竟是什么的问题，征伐? 还是远行? 当征伐讲的"征"在后世比比皆是，那么，有没有只能理解成远行之意的"征"呢? 答案是肯定的。一个典型的例子是，唐代诗人杜甫在安史之乱爆发次年从凤翔到鄜州途中，将一路北行的所见、所闻、所感写成了一首长篇叙事诗，诗题就叫《北征》。对于"正"来说，远行和征伐这两种意义出现得应该都不晚，后面出现的匡正、端正等意义大概都是从征伐一义引申出来的，征伐的理由或者借口一般都是平定祸乱、匡正纲纪。

"征"字形演变

（传）李昭道《明皇幸蜀图》，记录"安史之乱"时，唐玄宗避难入蜀，一路艰难跋涉。"安史之乱"爆发的第二年，杜甫从凤翔到鄜州途中创作了长篇叙事诗《北征》。

　　因为"正"后来有了许多引申义，所以人们就为它添上代表行走一类意义的"辶"旁或"彳"旁，造出"延"和"征"两个字，专用于表示它们的母字"正"的本义。在《说文解字》里，"征"字是作为"延"的"或体"出现的。所谓"或体"是什么意思呢？我们姑且简单地把它理解成异体——外形不同但读音、意义都相同的字。

　　至于"正"字的字形构造，从古至今都没有经历太大的变化，只是"口"形先后变作实心方块（或圆块）和横画，"止"旁的演变与单独成字的"止"基本保持同步。

　　《说文解字》引用了《左传》宣公十五年中"反正为乏"一语来解释"乏"字的小篆字形。然而，《说文解字》收录的"乏"字小篆和出土古文字资料中所见的形体并不相符。甲骨文和早期金文中均不见有"乏"字，就目前所见的材料来说，它最早出现在战国时期的中山国文字中，当时的写法是将"正"字顶部的一横写成倾斜状，表达的含义大概就是不正。因此，虽然"反正为乏"无法用来解释字形，但却能够用来解释"乏"的本义。在《左传》的语境里，"反正为乏"是对"天反时为灾，地反物为妖，民反德为乱，乱则妖灾生"的概括总结，意思是，无论是自然界还是人类社会，如果不依照正常的规律和秩序运行，就会引致灾祸。这种解释带有显而易见的儒家说教意味，究竟在多大程度上反映出当时对"正"字构形的普遍看法也未可知。

"乏"字形演变

人居住在城市、乡村等规模大小不一的聚落之中，远行便是从一个聚落到另一个聚落，当然，途中也会行经许多别的聚落。作为长途跋涉的起点和终点，很多聚落之所以能够存续并发展，在相当程度上有赖于交通条件的不断改善。

从何处来？向何处去？

人居住在城市、乡村等规模大小不一的聚落之中，远行便是从一个聚落到另一个聚落，当然，途中也会行经许多别的聚落。作为长途跋涉的起点和终点，很多聚落之所以能够存续并发展，在相当程度上有赖于交通条件的不断改善。交通便捷是城市形成和发展的重要基础。

　　在陆上交通设施并不发达的夏商时期，城市往往在河谷地带发展起来。比如垣曲商城就坐落在亳清河和黄河交汇之处，天然的航道为人口的增长、社会的进步带来了无数的便利。

垣曲商城考古挖掘现场

马王堆汉墓出土《居葬图》中的城邑

何尊铭文拓本

像垣曲商城这样有一定规模的城邑在上古时代被称为"国"，上古汉语中当城邑、区域讲的"国"最早是用"或"字来表示的，比如何尊铭文中"宅兹中国"这句名言中的"国"便写作"或"。"或"的早期古文字形体取象于一种斧形兵器——这种兵器的名称也许就叫作"或"。"或"字早期古文字形体中表示斧面的圆形部件后来渐渐脱离代表柄部的长竖，经过长期的演变，成为"囗"旁。

　　在西周早期的金文中，"或"字有时候会被写成一种稍显复杂的样貌：在"囗"旁四周各增加一个短小的笔画。它们表示什么意思呢？我们已经了解过，"囗"旁代表一个区域范围，所以分布在四周的四道直线可以表示区域的边界，相当于城墙。文字学家们认为，这个字形记录的可能是语言中"域"这个词。四道边界线往往被简省成两道，分布在"囗"旁的上下两边，上面的边界线向右延伸，和右边的纵向笔画相交，就是后世"或"字的雏形。

　　何尊铭文所谓"中国"，在稍晚的录终盨铭文中则被称为"内国"。这里的"中国"和"内国"，意思是最核心的城邑，和后来作为政治共同体概念的"中国"还不能等量齐观。在录终盨铭文里，真正的"国"字出现了，字形和后世的隶书、楷书相差不远，其间的演变关系一目了然。

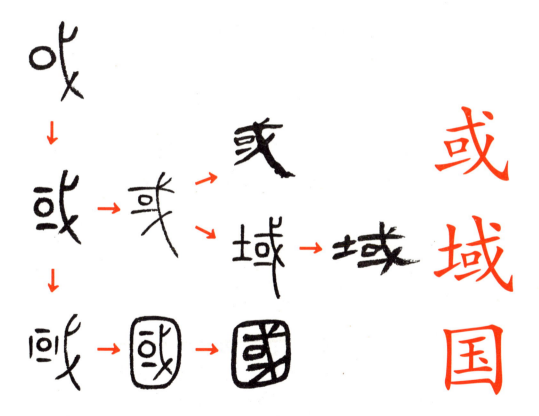

"或""域""国"字形演变

在现在通行的简化汉字中，"国"中间的部分写作"玉"，似乎和"或"毫无关系。其实不然，这个所谓的"玉"形就是从"或"的草书演变过来的。在草书中，"或"字和"玉"字的写法比较接近，而在楷书中"玉"字笔画比较少，易于认读，所以人们就给"国"字来了一出"狸猫换太子"，直接把"囗"里面的"或"改成了"玉"。"囗"里面写作"玉"的"国"字在南北朝时期就已经出现了，敦煌出土的唐代变文——一种用于说唱表演的"台词"里也不止一次出现这个字形，只不

"国"的部分异体字

甲骨文中的"天邑商"

过它在当时还被看作俗字，不登大雅之堂。无论如何，简化汉字"国"并非一个没有理据可言的字形。

"或"在早期不仅可以表示"国"，同时还能够表示"域"。国都既然是一座城池，于是人们就为它的名称所对应的字——"或"加上了象征围墙的"囗"旁。它又和土地有关，所以"域"又被添上了"土"旁。

既然"囗"代表一定的区域，那么在"囗"的下面添上一个跪坐的侧面人形，就可以表示某个区域里有臣服的人，即城市及其居民。这就是"邑"的古文字字形所表达的原始含义。

《说文解字》对"邑"字的解释是"国也"。早期的国家规模一般都比较小，一个国家往往也就相当于一座城市的规模。商王国的中心区域就被称为"天邑商"或"大邑商"。大约汉代以后，"囗"开始演变为"口"，跪坐的人形——"卩"也趋于解体，最终变成了"巴"形。

　　与城邑有关的字大都以"邑"为表意偏旁，如"郡""都""郭"等表示行政区划的字都是典型例子。

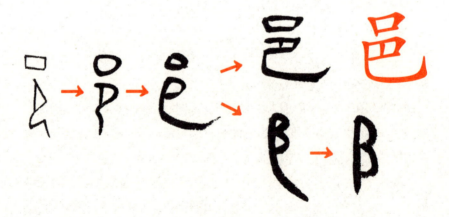

"邑"字形演变

古代的城墙

　　我们现在常常把"城"和"邑"视若同一。但在上古汉语中，"城"更多地特指城墙，包括内城和外郭，"邑"所指的更接近今天"城市"这一概念。过去，历史学界和考古学界认为，中国的城市自古以来就具有一个迥异于外国城市的特点，即它们都拥有较为完备的内城外郭，"无邑不城"的说法不胫而走。不过，近些年的田野考古发掘和相关研究工作表明，这一结论不完全适用于早期的中国城市。也就是说，在汉魏以前，并非所有中国城市都有城墙（尤其是外郭）或者与之类似的防御设施；另一方面，也并非所有有墙垣一类外围设施的都是城市。有考古学家将这一现象概括为"大都无城"。

在中国文化中，亭还有另一种含义——送别之
地。在文人墨客笔下，"长亭"是离愁别绪的象征。

长亭更短亭

在晚近一些的时候，国都又叫作"京"。但"京"最早其实并不是国都的意思，而是指城池中高耸的亭台楼阁。

在甲骨文中，"京"字有两种写法：其中一种像一座尖顶的亭子矗立在高台之上，下面的三个竖画像支撑高台的立柱。另一种略有不同，可以看作是三根立柱上支撑着一个"亯"形。"亯"和"京"的读音在上古时代可以相通，所以在这种字形里，"亯"就是"京"的表音偏旁。

京

　　西周以后，"京"字就再也不用上述第二种写法了，只用第一种写法，其字形没有发生关键性的变化。到了战国时期，第二种写法以另一种身份重新活跃在人们的刀笔之下，它更多地被借用来表示"亭"。然而有借无还，它就逐渐成为"亭"这个词的专用字了。

　　那么，我们现在所用的"亭"字中的"丁"旁是怎么来的呢? 战国时期秦国文字中的"亭"字由于日趋简省而几乎和"京"字同形，为了方便

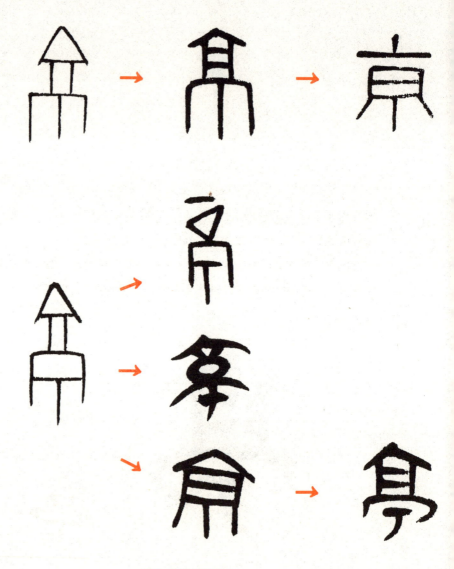

"京""亭"字形演变

→ 泉 → 京 京

→

识别，人们把下部的三根立柱之形改成了形体相似、同时还可以提示读音的"丁"形。至于"京"字，从古文字到今文字，其形体变化主要体现在两个方面，第一是代表亭子尖顶的倒"V"形部件改换为"亠"形，第二是下部的三根立柱变成了"小"形。

晚近的亭多用于游憩观光，它们设计精巧，选址考究，是园林建筑师们倾注巧思的对象之一。明代人计成撰写的园林建筑专著《园冶》中便有专门讨论亭榭选址的段落。

仇英《醉翁亭图卷》（局部）

苏州的沧浪亭

　　作为一种公共性建筑，亭往往被赋予纪念功能。宋仁宗庆历年间，欧阳修被派驻滁州任职，与当地琅琊寺的住持智仙成为好友。智仙在琅琊山上为欧阳修建造了一座亭，欧阳修用自己的别号"醉翁"为新落成的亭子命名，并撰写了《醉翁亭记》来表达与民同乐的心愿。欧阳修离任以后，这座亭子又承载了世世代代滁州人民对他的纪念。具有纪念功能的著名亭榭遍布大江南北，如苏轼的喜雨亭、孙觉的墨妙亭、苏舜钦的沧浪亭等，不一而足。

在中国文化中，亭还有另一种含义——送别之地。在文人墨客笔下，"长亭"是离愁别绪的象征。北宋天圣二年（1024），柳永从汴京南下，与恋人依依惜别之际，写下千古名篇《雨霖铃》，起首便说："寒蝉凄切，对长亭晚。"九百年后，在波诡云谲的社会环境中，上海进步人士许幻园破产，离开故园上京寻找出路，友人李叔同作歌送别：

李叔同（右）与许幻园合影

长亭外，古道边，芳草碧连天。晚风拂柳笛声残，夕阳山外山。天之涯，地之角，知交半零落。一壶浊酒尽余欢，今宵别梦寒。

在这段传唱不衰的歌词里，"长亭"已不再实指送别之地，而是虚化为一个象征着离别的文学意象，向人们传达着丝丝愁绪。

　　亭为什么会和离别有关呢？要回答这个问题，就不得不追溯到更古老的亭。其实，亭作为一种建筑类型在商周时期就已经出现了。不过，早期的亭在功能和形式等方面都不同于后世的亭。在汉代以前，各种亭都有明确而专门的政治、军事、交通功能。例如，春秋战国时期有一种边防堡垒称为亭，秦汉时期的基层治安管理机构叫作亭，城市街口和城门上的高台叫作旗亭、都亭，城外交通干道上的邮驿和旅舍叫作驿亭。

朱良材《旗亭贳酒》

汉代的画像砖中就有以驿亭为题材的图像。根据《汉书·百官公卿表》的记载，西汉时期，全国建有将近三万座驿亭。在驿亭制度被废止后，经常出远门的人们为了方便在旅途中歇息，于是模仿过去官方的驿亭，建起了类似的亭。由于人们往往在此送别远行的亲友，所以这种亭在文人骚客的层层渲染下就成了离愁别绪的象征。

横塘驿亭

姑苏横塘驿亭（中华全国集邮联合会第三次代表大会发行）

通向远方的征途有风和日丽，也有水长山高。在古代，由于相当多的地区尚未得到开发，人们远行的路上充满了艰难险阻，其中最难逾越的便是连绵的高山。

路

踏遍青山

通向远方的征途有风和日丽，也有水长山高。在古代，由于相当多的地区尚未得到开发，人们远行的路上充满了艰难险阻，其中最难逾越的便是连绵的高山。李白对蜀道的描写就反映了登山涉险的经历给古代"驴友"带来的心理阴影，这里摘抄《蜀道难》中的几句：

　　　　西当太白有鸟道，可以横绝峨眉巅。

　　　　黄鹤之飞尚不得过，猿猱欲度愁攀援。
　　　　青泥何盘盘，百步九折萦岩峦。

　　　　问君西游何时还，畏涂巉岩不可攀。

　　　　连峰去天不盈尺，枯松倒挂倚绝壁。
　　　　飞湍瀑流争喧豗，砯崖转石万壑雷。
　　　　其险也如此，嗟尔远道之人胡为乎来哉！

谢时臣《蜀道图》

叶六隆《蜀峰栈道图》（局部）

在古代汉语中，徒步登山称为"陟"。《诗经·周南·卷耳》中"陟彼崔嵬""陟彼高冈"等句子中的"陟"就是当徒步登山讲的，"崔嵬""高冈"都指山。后来，"陟"由身体上升引申出了地位晋升的含义。

"陟"字的右边是"步"，左边部分原是"𨸏"，其字形是徒步登山这一原始含义的直观表现：双脚在山间留下深深浅浅的印迹，记录着古人披荆斩棘的艰辛和一往无前的坚毅。

"𨸏"的古文字形体和我们都熟知的"山"字相同，只是方向有别，表示的意思仍然是山。作为表意偏旁时，它的三个山峰之形后来被简化为两个，进而演变成"阝"旁（在左）。因此，很多以"阝"（在左）为部首的字都和山有一定的关系。比如"阴""阳"二字，分别指山的北面和山的南面；又如"险""阻"二字，它们所表达的含义源于人们对关山难越的感知；再如"队"字，别看它现在最常用的意义与山无关，实际上它是"坠"字的原始形态，最早的形体描摹的是人从山崖坠落的场景，今天被看作"队"的繁体的"隊"字，反而是比较晚才出现的。

陟

陟 → 陟 → 陟

"陟"字形演变

　　和"陟"表示登山同理，在"阜"旁的一边画两只向下的脚，象征从山上往下走，就是"降"字。后来，人们为了写起来更加方便，就把"夅"旁下面的倒"止"形逆时针旋转了四十五度，把它变成了今天我们所熟知的样子。

　　《说文解字》里另有"夅"字，释义为"服也"。以研究《说文解字》著称的清代学者段玉裁对此进一步解释说："凡降服字当作此，'降'行而'夅'废矣。"意思是说，当投降、降服讲的"降"原来都写作"夅"，后来"夅"被"降"兼并了。但事实上，迄今所见的古文字资料中并不存在独立成字的"夅"，段玉裁的观点是否正确还有待验证。

降

"降"字形演变

"谁谓河广，一苇杭之。"只需一叶扁舟，人们即可随着河流，抵达千里之外。相比于建造陆上交通设施，利用天然水道来实现运输和远行无疑更加方便。

大江东去

历史地理学的研究表明，远古至秦汉时期，华北平原的地表景观与现在有极大的差别，在当时的华北地区，除了江河之外，大大小小的湖泊星罗棋布，和今天的江南地区相比恐怕也不遑多让。

　　《诗经·卫风·河广》有言："谁谓河广，一苇杭之。"只需一叶扁舟，人们即可随着河流之所至，抵达千里之外。相比于建造陆上交通设施，利用天然水道来实现运输和远行无疑更加方便。水网密布为水上交通的发展提供了极好的自然条件。

大大小小的湖泊星罗棋布

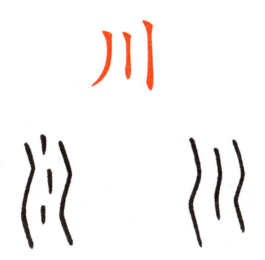

"川"字形演变

　　在这样的自然空间里，人们仰观俯察，取象造字，以大江奔涌之象造"川"字，以细水长流之象造"永"字……

　　甲骨文里的"川"字生动形象地描绘了大水穿地而流的景象，以表示大江、大河的意思。中间流动的水既有用几个点来表示的，也有把几个点连成一线的，其中后一种写法被沿袭了下来。秦汉以后，曲线变成直线，就成了现代通行的楷书字形。

（传）顾恺之《洛神赋图》（局部），描绘了美丽的洛神从洛水中现身的场面。

　　上古时代，华夏民族的先祖生活在华北平原，聚落多分布于黄河支流沿岸。之所以定居在河流沿岸，除了出于方便取水的考虑外，同时还希望利用黄河及其支流进行航运。

　　考古工作者曾经在河南安阳发掘出鲸鱼的肩胛骨和椎骨。这说明，几千年前，黄河流域的水上航道就已经能够延伸到渤海之滨了。在商代，黄河的几条支流如洛河、洹河、亳清河等都在航运方面发挥着举足轻重的作用,航运事业的发展为经济、军事、文化的全面进步提供了非常有利的条件。

　　细小的支流夜以继日地奔向干流,永不止息。人们把这番景象描摹下来,就成了"永"字的雏形。

　　"永"字最早的写法正是两条支流和一条干流的抽象形态,通过这一形体,我们不难想见它最初的含义就是细水长流,《诗经·周南·汉广》中有一句"江之永矣",讲的就是江水悠长的意思。"永"字后来常用的长久一类意思,也正是源于它的本义。

位于中国北方地区的黄河

永

"永" 字形演变

　　"永"的早期字形不仅可以表示当时语言中的"永"这个词，还能表示流衍的"衍"。"永""衍"二词之所以共用同一个字形，是因为它们意义相近，"衍"最初的意思是水脉漫布、流衍四方，和当水道悠长讲的"永"颇有共通之处。在汉字发展的早期阶段，用同一个字形表示多个词的现象是相当普遍的，"永""衍"同形并非绝无仅有的案例，类似的情况比比皆是，如"月"和"夕"均可写作 ◗。

　　人们觉察到一形多用容易造成阅读理解上的麻烦，所以想办法把同形字区分开来。对于"永"和"衍"这两个字来说，具体的区分方法是，在原来的字形基础上，把径流旁边的一笔改成了三个小点或者"彳"旁，造出一个新字形专门表示"衍"。三个小点仍然表示水流，而"彳"旁一般表示行动的意思，在这里就可以表示水的流动，此外，选用"彳"旁的另一个原因是能使字形左右对称。这样一改，既把"衍"字和"永"字区分开来了，同时又保持了表意的明确性，可谓一举两得。

"衍"字形演变

我们说"永"字的形体、意义与大江的支流有关，其实还有一个根据：曾经和"永"字同形的另一个字"厎"恰恰有支流这一含义。南唐时期的文字学家徐锴在他撰写的《说文解字系传》一书中说，"派"字是后人在"厎"字的基础上增加"水"旁造出来的新字，他的观点得到了广泛的认同。用现代文字学术语来讲，"厎"和"派"是一对古今字，它们通行的时间有先后之别，但表示的是语言中的同一个词。

　　"派"当支流讲的例子古今都有。唐代诗人王维的名篇《汉江临泛》首句为"楚塞三湘接，荆门九派通"，毛泽东同志《登庐山》诗中有一句"云横九派浮黄鹤，浪下三吴起白烟"，其中的"九派"原意都是指长江的支流，由于长江在中游有九条支流，所以"九派"也可以用来泛指长江。

　　长江及其支脉在广袤的祖国大地上奔流不息，早在上古时代就被看作天然的航道。《尚书》中有一篇题为《禹贡》的文章，文中规划了全国各地运输贡赋的水上交通路线。

《禹贡山川总会之图》

长江及其支脉在广袤的祖国大地上奔流不息

　　由此可见，沟通九州的水上交通蓝图在战国时期就已经在胸怀天下的人们心中成型。战国是一个大分裂的时代，把九州连成一体的想法自然难以实现，但在这样的环境里描画出这幅蓝图，不正象征着人们对山河一统的热切渴求吗？

地表水体形态多样，既有宽广的江河湖海，也有窄浅的清溪小涧，它们在山丘和原野上纵横交错，也是人们旅程中的一种风景。

临溪涉水

地表水体形态多样，既有宽广的江河湖海，也有窄浅的清溪小涧，它们在山丘和原野上纵横交错，成为人们旅程中的一部分。

许多与行旅有关的文学作品中都有对江河溪涧的描写，李白出蜀漫游途中写过"山随平野尽，江入大荒流"，杜甫流落三湘之际写过"星垂平野阔，月涌大江流"，苏轼谪居黄州时出游途中见兰溪溪水西流而发出过"谁道人生无再少，门前流水尚能西"的感慨。

《小马过河》绘本，彭文席原著，陈永镇画

《小马过河》是中国人从小便耳熟能详的故事。故事里的小马不知道河水的深度，在过河前询问牛伯伯和小松鼠，得到了不同的答案。最后，小马自己下河，顺利地蹚水而过。说到"涉水过河"，几乎每个中国孩子都会想起这个寓言故事来。

涉水过河

　　江河可以"一苇以杭"，溪涧更可徒步跨越，古人徒步越过溪流的足迹被保留在了"涉"字的古文字形体之中。

　　"涉"字最初的写法是两个"止"形分布在"水"形的两侧，就像两只脚印分别在溪流的两岸，形象地描绘出了徒步涉水的过程。

　　"涉"字中象征溪流的"水"旁有时候会被草率地写成一道曲线，人们通过进一步加大这道曲线的弧度，造出了一个读音和"涉"相近的字，有学者认为，这就是"跳"的原始字形。为什么这个形体可以表示"跳"呢? 因为从溪流的此岸到彼岸，既可以蹚水渡过，也可以一跃而就。

"涉"字形演变

"兆"字形演变

　　"跳"字的这种初始形态如果要严格地转写成今天通行的楷书，就只能写成"兆"形了，因为当时它还没有被添上"足"旁。在作为"跳"字早期形态的"兆"字中，"止"形在战国时期的楚国人笔下被简写为两点。沿着这条脉络继续演变，大概最终也能变成现在的楷书字形，但实际上我们所使用的楷书"兆"字是从秦系文字发展而来的。

　　早期古文字中还有一个同样由"水"旁和两个"止"形组成的字，那就是"濒"。和"涉"字不同的是，在"濒"字的古文字字形里，象征双脚的两个"止"形并非各在"水"的一侧，而是两个"止"都在同一侧。不难猜到，这个形体描绘的是濒临水边踟蹰不前的情景。后来，人们为了增强表意的明确性，在早期字形的基础上累增了一个"页"旁。"页"字的本义是人头，但它的字形却连带着把腿脚都画出来了。

"濒"字形演变

人们行走于万水千山之中，时而涉江采萍，时而临溪羡鱼，自然而然地融入如画的风景。在中国古代山水画中，点景人物是一个重要的组成部分，他们跋山涉水的身影因名家的图绘而进入中华民族历史记忆的宝库。

范宽的《溪山行旅图》前景右下方有两个人赶着驴队前行，山脚正中央处有一位僧人，似乎正在准备涉水上山，山上也许有他的方外友人，也许有仰慕已久

范宽《溪山行旅图》

的前修大德，也许有某位故人的遗迹。有绘画史学者认为，至少在宋代山水画中，点景人物往往可以看作画家的替身或代言人，描绘他们的形象就相当于表达自我。刘道醇的《宋朝名画评》说范宽"往来雍洛间"，郭若虚在《图画见闻志》里则说他"虽雪月之际，必徘徊凝览，以发思虑"。画面里，跋涉在旅途中的行脚僧大概就是范宽某一时刻的心境的投射吧。

《溪山行旅图》（局部）

涉水行旅者的形象在中国文学传统中也占有一席之地。《史记·屈原贾生列传》说："屈原至于江滨，被发行吟泽畔，颜色憔悴，形容枯槁。"在《涉江》一诗中，屈原描绘了一位在现实政治中节节败退但抱负远大、品格高洁的士大夫形象：他怀着一腔哀愁，迎着深秋的寒风，踏上放逐之旅，渡过长江和湘水，沿沅水溯游而上，对现实政治的不满并未因湘楚大地奇山秀水的慰藉而减少半分。他且行且歌：

哀吾生之无乐兮，幽独处乎山中。
吾不能变心以从俗兮，固将愁苦而终穷。
接舆髡首兮，桑扈臝行。
忠不必用兮，贤不必以。
伍子逢殃兮，比干菹醢。
与前世而皆然兮，吾又何怨乎今之人！
余将董道而不豫兮，固将重昏而终身！

　　在屈原以后，泽畔行吟就成了具有特殊象征意义的文学意象，代表了政治上的失意和对高尚节操的秉持。

傅抱石画《屈原》

马、牛等牲畜很早就已经被驯养并用于骑乘、运载，但作为交通工具，它们的安全性和舒适度显然并不尽如人意。为了满足日益增长的出行需求，人们迫切希望发明一种兼具高效、安全、舒适等多方面优势的交通工具，在这样的情形下，最早的车应运而生。

载驰载驱

随着长途出行需求的增加，人们对出行效率的要求也日益提高，马、牛等牲畜很早就已经被驯养并用于骑乘、运载，但作为交通工具，它们的安全性和舒适度显然并不尽如人意。为了满足日益增长的出行需求，人们迫切希望发明一种兼具高效、安全、舒适等多方面优势的交通工具，在这样的情形下，最早的车应运而生。

内蒙古磴口县岩画中的车马图

黄帝，号轩辕氏，古华夏部落联盟
首领，传说车是黄帝发明的。

  我国的历史传说往往把生活中各种日用器具的发明权归到黄帝以及他的臣属头上，车子也不例外。宋代人李昉等编的类书（以典籍为"素材库"分类辑录而成的"资料汇编"）《太平御览》引述汉代学者刘熙《释名》一书中的话说："黄帝造车，故号轩辕氏。"今本《释名》中没有这句话，可能是因为在辗转传抄、刻印的过程中脱漏了。三国时期蜀汉学者谯周在《古史考》里还说："黄帝造车，少昊时加牛，禹时奚仲加马。"这就明明白白地告诉我们，车子是黄帝发明的，后人加以改进，而用马来为车提供动力则是奚仲的创举，至少汉魏时期的人是这样认为的。

今人雕的奚仲像

以史料详实著称的编年体史书《左传》中也出现了奚仲的名字："薛之皇祖奚仲，居薛以为夏车正。"车正是古代主管官府车辆制造的专员，至于他具体做了什么工作，战国时代还流传着另一种说法。《墨子》《荀子》《吕氏春秋》等文献都说"奚仲作车"，将车的发明权推给了奚仲，而非黄帝。后来，《说文解字》在对"车"字进行解释时也沿袭了这一说法，说车是"夏后时奚仲所造"。那么，实情究竟如何呢？

根据目前的考古成果，中国人使用车的历史只能追溯到二里头文化，考古学家在河南偃师二里头遗址发现了车辙印痕、车身零件以及铸造车身零件所用的陶范。过去一般认为，二里头文化相当于夏代，而大禹是传说中的夏代开国君王，因此，面对这些考古发掘得来的实物证据，就容易先入为主地认为二里头遗址出土了车子零件就等于夏代有了马车。事实上,这些零件所属的车还不能确定是用马来提供动力的;其次,二里头遗址的文化归属是个异常复杂的问题,综合目前各方面的研究成果,与其把它和历史传说中的夏代等同起来,还不如把它看作"先商文化"的代表。夏也好,商也好,无论如何,我们都可以肯定地说,二里头文化时期已经有了形制比较成熟的车了,而车在华夏大地第一次出现的时间一定要早于此。

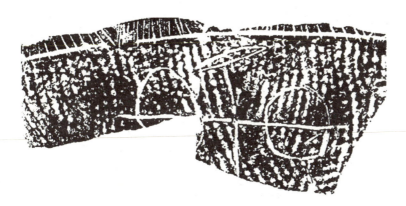

二里头遗址出土陶片上的车形刻画符号

良渚出土大玉璧

　　车最核心也最不可替代的部分是轮子，所以有的学者认为，车的出现理应以转轮类工具发展成熟为基本条件。通过对转轮类工具发展历程的梳理，考古学家发现，新石器时代晚期，转轮类工具的性能已经大大优化，人们能够运用它们来把体积、面积较大的玉料加工成非常规整的形状，长江下游的良渚文化遗址出土的直径超过20厘米的玉璧就是确凿的物证。这也意味着，在这一时期，车轮完全有可能被制造出来。巧合的是，良渚文化和古代文献中记载的夏代的时间相去不远。所以，尽管作为一个国家或者朝代的夏是否存在仍有疑问，但如果我们仅仅把文献中的夏代理解为一个时间代称的话，中国最早的车出现于夏代这种说法大概不会离史实太远吧。

　　我们说轮子是车身上最重要的部件，这从古文字形体方面也是能够得到支持的。甲骨文中的"车"字有繁体和简体，最繁复的写法自然是把整个车身轮廓都描绘出来，这种写法虽然表意明确且形象生动，但对于提高书写效率来说并不是最优选择，所以人们就有了简化字形的动力。简体的"车"字把车身上大部分零件都卸掉了，只剩下轮子，可见在古人眼里，轮子正是车身上最有识别度的部分。楷书"车"字的繁体写作"車"，这个字形中间类似于"田"的部分就是由车轮的象形写法演变而来的。

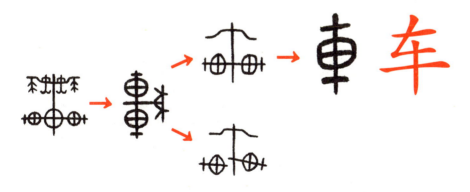

"车"字形演变

前面提到，在二里头遗址发现的车辙痕未必属于马车，那么，马车何时开始在神州大地奔驰呢？根据考古发掘的成果，学界普遍认为，商人主中原之前，中原地区是没有马车的。而20世纪以来在商代晚期都城遗址殷墟陆续发现的一些车马坑则表明，马车在晚商贵族的生活中似乎扮演着重要的角色。有学者以此为基础推论，商民族兴起于草原，因掌握了骑马和使用马车的技术而在与农耕民族的对战中无往不利，从而成为中原地区的统治者，同时也将驯马和马车带到了中原。在更多相关证据被发现之前，虽然这还不能算是定论，但不失为一种比较合乎情理的解释。

安阳殷墟发现的商代车马坑

"马"字形演变

甲骨文中有写得非常象形的"马"字，这说明马对于商民族来说并不陌生。相比于表示其他动物的名称的字，"马"字最重要的区别性特征是代表颈部鬃毛的几个笔画。西周金文中的字形虽然在一定程度上弱化了躯体部分，头部仅用一只眼睛代替，但对鬃毛的表现却大大强化了。尽管春秋战国时期"马"字在各国文字中的写法有着巨大的差异，其形体在秦汉之际也经历过极其剧烈的变化，但这个特征却一直被完好地保留着，在汉代演变成几个横画。

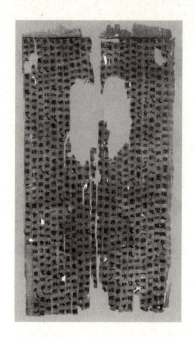

马王堆汉墓出土帛书《相马经》

　　商周以来，由于马是车辆动力的主要提供者，对于长途交通而言有着难以替代的重要作用，所以其品质优劣素来为人们所重视。古人很早就总结出了一套挑选马匹的经验，并且形诸文字。在湖南长沙马王堆汉墓——西汉初期长沙国丞相轪侯利苍的家族墓地出土的帛书中就有《相马经》，可见此类知识已经受到上层社会的关注。

汉画像石上的车马出行图像

东汉墓葬壁画中的《君车出行图》

　　包括马车在内的畜力车并非中国人的专利，古代西方国家也有类似的发明，古埃及新王国时代的壁画里就有马车图像。不过，中西古马车在系驾方式上有着显著的不同。早期的西方马车是直接把传递牵引力的绳子套在马脖子上的，而中国古车的系驾方式则稍显复杂些，用一个被称为轭的器具叉在马的肩胛上，传递牵引力的绳子——靷一头绑在轭上，另一头固定在车辆的纵轴——辀上。中国早期马车的系驾方式在古文字形体上也有所反映，从象形程度最高的早期金文中可以看到，有两个斜向的笔画将"车"字的纵轴与代表拉车牲畜的笔画相连，这两笔便象征着靷绳。后来，随着象形程度下降，这两笔也逐渐消失在汉字演变的历程之中了。

　　系驾方式的不同意味着早期中西马车很可能是各自独立产生和发展的。不同的系驾方式各有什么优缺点呢？若像古埃及壁画车马图中展示的那样把绳子套在马脖子上，马跑得越快，脖子受到的压力就越大，呼吸就越不顺畅，所以马会出于本能放慢速度。而中国人的系驾方式则更好地解放了马的呼吸道，更利于它拉着车灵活地奔跑。由于灵活度相对较低，所以西方早期并没有将马车应用到战争之中，而在早期中国则出现了战车，先秦时代，拥有战车的多寡是衡量国力强弱的重要标准，战车的这种象征意义大致相当于今天的航空母舰，当时以"千乘之国"来比喻国力强盛，其中的"乘"指的就是以战车为核心的作战小队。

古埃及壁画车马图

秦代铜马车

（传）顾恺之《洛神赋图》中的车马

在中国文化中，马相比于其他动物而言似乎更为幸运，能够得到人类更多的关注，其中的佼佼者甚至有机会青史留名。

乌江边上，楚歌声里，乌骓纵身跃入滚滚波涛之中，它此前曾随西楚霸王项羽南征北战，此后亦因项王一曲悲歌而不朽："力拔山兮气盖世，时不利兮骓不逝。骓不逝兮可奈何，虞兮虞兮奈若何！"

名马赤兔本在吕布战败后不知所终，然而在一千多年后，以罗贯中为代表的民间文学家们却为它重新设计了一条更具戏剧性的"马生轨迹"：赤兔马最终为关羽而绝食身故，被赋予忠义的人格，因而声名更著。

的卢马曾经背着"妨主"的骂名，后来因为载着刘备飞越檀溪脱离险境而洗清恶名，随着南宋词人辛弃疾的一句"马作的卢飞快，弓如霹雳弦惊"而扬名立万。

在古代，能够充当交通运载工具或者为更高级的交通工具提供动力的牲畜除了马以外，还有牛、羊、驴、骆驼等。牛车原本用于货运，但在魏晋南北朝，却成了贵族士大夫们的日常代步车。羊车很早就有，殷墟曾经发掘出所谓"车羊坑"。用骆驼来运载货物则多见于西北地区，敦煌马圈湾出土的新莽时期武威将军王骏幕府档案记载："橐佗持食

《清明上河图》中的牛车

唐代釉陶骆驼

救吏士命。"橐佗即骆驼，持食即运送粮食。在荒漠环境中，相比于马匹，骆驼的适应能力更强。

用牲畜为车辆提供动力的历史早已远去，但当我们回顾相关的汉字曾经的模样时，这段历史便重新浮现在眼前。畜力车不再有利用价值，但先人发明和改进畜力车的过程中所展现的智慧与力量却是中华民族的宝贵财富，永远值得珍视。

唐代墓葬壁画中的牛车出行图像

《昭陵六骏》邮票

昭陵六骏是唐太宗昭陵北司马门内的大型浮雕石刻，是为
纪念随唐太宗征战疆场的六匹战马而刻的。

船是水上交通必不可少的工具。从独木舟、竹木筏发展到木板船，再到钢铁轮船，人类的造船技术水平和船舶性能都经历了相当漫长的发展进步历程。

荡起双桨

先秦手工业技术文献《周礼·考工记》说："作车以行陆，作舟以行水。"船是水上交通必不可少的工具。从独木舟、竹木筏发展到木板船，再到钢铁轮船，人类的造船技术水平和船舶性能都经历了相当漫长的发展进步历程。

2020年东京奥运会中国组合赛艇女子四人双桨

停靠在江边的轮船

　　船的起源和车一样扑朔迷离，世界上不同民族都有自己的说法。生活在我国西南山区的摩梭族中流行着一个传说：从前，有一个牧童每天都在一个水洞附近放猪，饿了就吃点从家里带出来的干粮，渴了就喝水洞里流出来的甘泉。有一天他发现洞里流不出水了，细看之下，发现有一条大鱼堵住了出水口。这时候他正好饿了，于是从鱼身上割下一块肉烤着吃，发现味道格外鲜美。第二天，他惊奇地发现大鱼身上昨天被他割掉的肉又长出来了，从此以后他就不再带干粮了。家人听他说起此事，就要去把这条永远吃不完的鱼抓回家，动用了好几头牛才把鱼从洞里拉出来。鱼被拉出来的那一瞬间，所有人都意想不到的灾难发生了，洞内涌出铺天盖地的水，把村庄全部淹没了。村里有一个正在喂猪的人急中生智跳进了猪的食槽里，随手抓起一根竹竿划水，逃到了洪水淹不到的地方，避过一劫。较为原始的牲畜食槽是将树干一剖为二，再掏空中间做成的，摩梭族人把这种简易的船只称为猪槽船。

摩梭族的猪槽船

这个故事中的猪槽船在形状和制作方法上与汉文典籍所记载的早期船只颇有异曲同工之妙。《易·系辞下》说："伏羲氏刳木为舟。"刳就是剖开后再掏空的意思。《淮南子·说山训》则说："见窾木浮而知为舟。"指出古人通过观察水中浮木得到

萧山跨湖桥出土独木舟

启发，对浮力有了最初的认识，并将它应用到生活中，仿照浮木制作出了船只，这大概可以算得上是最早的仿生学实践之一了吧。

那么，原始的船只是什么时候被发明出来的呢？有了浮力知识并不一定就马上能造出船来，要等相应的工具被创制出来以后，造船才成为可能。恩格斯在《家庭、私有制和国家的起源》中说过："火和石斧通常已经使人能够制造独木舟。"浙江萧山跨湖桥遗址出土了一只年代距今约八千年的独木舟，这证实了，早在新石器时代，中华民族的先祖就已经能够制造船只了。

据科技史学者们的研究，不晚于商代，独木舟已经基本上被更加先进的木板船取代了。早期的木板船结构较为简单，这从甲骨文字形中便可窥见一二。上古时代，人们用来指称船这一概念的词是"舟"，"舟"字古文字字形就来自对当时船只的模拟，其中两边的弧线代表船的干舷，中间的几个短小的笔画则代表用于固定船体的横木。从西周开始，"舟"字的方向渐渐固定了下来。战国时期，由于文字形体的剧烈演变，"舟"在充当偏旁的时候常和"月""肉"混淆，如

舟

凸 → 月 → 月 → 月 → 舟

"舟"字形演变

　　"胜""腾""服""俞"等字的所谓"月"旁，原本都是"舟"旁。"胜"的繁体写作"勝"，其表音偏旁和"腾"一样，都是"朕"，也就是说，"舟"是它们的表音偏旁的表意偏旁。以段玉裁为代表的许多文字学家都认为，"朕"的原始含义是船有缝隙需要修补，其甲骨文字形正像双手持一物欲施之于象形的"舟"旁。

　　上面列举的"舟"旁的字都是以"舟"为表意偏旁的，但"舟"旁也不总是仅仅表意的。"受"字之所以念shòu，便是因为其古文字形体用

朕

→ → → →

"朕"字形演变

"舟"旁来表音。古时候，语言中的"受"和"授"两个词都用"受"字来表示。甲骨文中的"受"字像两只手在传递一只小船，上面的手形代表传授者，下面的手形则代表接受者。为什么要以"舟"为传递的对象呢？文字学家普遍认为，这是因为"舟"的读音与"受"相似，可以充当"受"字的表音偏旁。像"受"字一样包含一个既表音也表意的偏旁的字在古文字中为数也并不少，它们被称为"会意兼形声字"。

"受"字中间的"舟"旁后来经历了很大的变化，秦汉以来逐渐向"冖"形靠拢，其发展演变轨迹和上面提到过的那些最终与"月"旁合流的"舟"形迥然不同。

"受"字形演变

我们今天在口语中很少用"舟"这个字眼，一般都以"船"代之。根据汉代学者扬雄的说法，"船"在上古时代是西北地区的方言。成书于东汉的《说文解字》已经收录了"船"字，其形体以"舟"表意，以"铅"表音，但是并没有把"铅"字完整地呈现出来，而是省去了其中的"金"旁，仅留下"台"形。像这样把表音偏旁的一部分省略掉的情况在汉字构形中亦属常见现象，在《说文解字》中称作"省声"。由于"台"形在篆书、隶书里与"公"的写法相似，所以后来"船"字产生了一种异体"舩"，右边直接写作"公"旁。"公"与"工"同音，于是人们往往又把"船"字的"公"旁写成"工"旁，创造了另一种异体"舡"。

船　舩　舡

"船"的异体字

"舩"和"舡"这两种写法都已经被淘汰了，今天通行的规范形体"船"右边的部分是由"㕣"旁变形而来的。为什么"八"形能变成"几"形呢？这是因为在雕版印刷的字体中，"八"形的捺画起笔处往往会多出一短横，这个短横在涨墨、刻印失误等偶然的情形下极容易与撇画的起笔相连，使得"八"形与"几"形相近，有了混淆的可能。人们在书写中受到版刻字体影响，也在"八"形顶部附加一短横，将撇捺的起笔连在一起，一旦提高书写速度，捺画收笔处很容易写成向上钩出的形态。在版刻和书写的双重作用下，"㕣"旁的"八"形逐步向"几"形靠拢，最后被"几"形取代。

战国金文　　　　　古籍版刻字形

明代郑和下西洋宝船模型

结语

　　世世代代的中国人跋山涉水，披荆斩棘，求取生存资源，开拓发展空间。先辈们踏出一条条康庄大道，从沟通南北的驰道、灵渠、石门隧道、京杭大运河到横贯亚欧大陆的陆上丝绸之路、远及非洲的海上丝绸之路，其间一步一个脚印，无不是中华民族走向强盛的见证。

　　漫长的苦旅中，先辈为我们留下了弥足珍贵的财富。他们将域外物产带回华夏大地，使中国人的生活日益丰富多彩；他们不畏艰险、勇于前行的精神鼓舞着中国人不断开拓新境，创造更加美好的生活；他们在旅途中仰观俯察，取象造字，将宝贵的经验凝聚成一个个汉字，不断充实着我们的文字体系。

 走

 兆

永

马

　　和中国人一样，中国的语言文字也一直在路上。汉语和汉字在不断变化，若不能时时回望过去，不能铭记过去，也就很难谈得上更好地理解当下。"具"字里面是两笔还是三笔竟能成为网络上的热搜话题，"两会"上竟有代表倡议恢复繁体字，提笔忘字竟成时人通病，这些现象提醒我们有必要在语言文字方面"鉴往知来"，增进对汉语和汉字的理解。

　　愿我们永远对祖国的语言文字抱有温情与敬意。

图书在版编目（CIP）数据

汉字的旅程 / 陈文波著 . -- 上海 ：上海文化出版社，2022.1(2024.7 重印)
（汉字里的中国）
ISBN 978-7-5535-2443-6

Ⅰ．①汉… Ⅱ．①陈… Ⅲ．①汉字－通俗读物 Ⅳ．① H12-49

中国版本图书馆 CIP 数据核字 (2021) 第 242561 号

汉字的旅程
陈文波 著

责任编辑：蒋逸征
装帧设计：王怡君

出　　版：上海文化出版社　上海咬文嚼字文化传播有限公司
地　　址：上海市闵行区号景路 159 弄 A 座 2—3 楼
邮　　编：201101
发　　行：上海市闵行区号景路 159 弄 A 座 206 室
印　　刷：上海四维数字图文有限公司
规　　格：889×1194　1/20
印　　张：6.4
版　　次：2022 年 1 月第 1 版　2024 年 7 月第 7 次印刷
书　　号：ISBN 978-7-5535-2443-6/H.053
定　　价：38.00 元

告读者：如发现本书有质量问题，请与印刷厂质量科联系。
电　话：021-37212888 转 106